I0155121

L'ANTIQVITE

DE

BOVRDEAVS.

1565.

Au Roy
CHARLE IX.

I'EN VOVS pourmenant par voſtre Roiaume, SIRE, vous auès eu bonne enuie de vous enquerir, & entendre de l'antiquité de vos villes : auſſi croi ie, qu'auès trouué prou de gens, qui ſe ſont efforcés de vous en compter tout ce, qu'ils en penſoint ſauoir. Mais entre les antienes villes de la France, qui ſont en grand nombre, il en i a fort peu, qui puiſſent ſi aſſeurement parler de leur premiere fondation, que Marſeille & Aes, ou vous eſtiés n'aguere. BOVRDEAVS ne le ſauroit fere : qui eſt la principale ville de voſtre Guiene, & celle, qui pour le iourdui monſtre plus d'enſeignes de long aage, que ville que vous aiés en toute la Gaule de l'occident. De laquelle, pource que ie crains, que quelquun de ceus, qui n'ont honte de controuuer des fables, quant ils ne ſauent rien de la vraie hiſtoire, ne vous compte des manſonges en lieu de verites, ie me ſuis enhardi, treſpetit & treſhumble ſubiect de voſtre maieſté, de vous venir preſenter a ceſte voſtre premiere venue & entree treſdeſiree en icelle, vn diſcours contenant, en mon aduis, tout ce, qui ſe peut ſauoir pour le iourdui, & dire au vrai, de l'antiquité de la ville de Bourdeaus. La choſe n'eſt pas grãde : mais ſi les ſubiectz ne deuoint offrir a leurs Rois, que choſes de pois & mezure eguale a leur hauteſſe, quant ſeroit ce, qu'ils auroint que leur donner ? Ie n'ai nullement douté de voſtre treſliberale bonté, qu'elle ne receuſt volẽtiers, & print en gré ce petit liuret, ſorti de l'eſtude du pauure principal de voſtre college de Bourdeaux : lequel eſt merueilleuzement marri, qu'il n'a, de quoi il vous peuſt mieus remercier de la grand grace & liberalité, de laquelle auès vzé ces iours en ſon endroit, & enuers ledit college : & dont il s'aſſeure, que continuerés d'uzer, pour la bonne volenté, que portés a tous voz ſubiectz, & meſmement a voſtre ville de Bourdeaus, & a toute voſtre Guiene : qui ont du regne treſrenommé de voſtre aieul Francois, commẽcé de voir, que leur ieuneſſe ſoit en ledit college mout bien & proprement inſtruicte en toutes bõnes diſciplines, pour le ſeruice de DIEV, de vous, & des voſtres. Que DIEV face voſtre France tant heureuze, SIRE, qu'elle puiſſe voir vn iour, qu'aueque ce beau titre de SAGE, qu'elle bailla iadis a cellui de vos predeceſſeurs Rois, qui a eſté compté le cinquieſme de voſtre nom, vous aiés atteint, & outrepaſſé la GRANDEVR du premier CHARLE.

PIETATE

ET

IVSTITIA

BREF DISCOVRS DE L'ANTIQVITE DE BOVRDEAVS.

LA GVIENE, que les Grecs et Latins ont apllée Aquitania, a esté en diuers temps de diuerse estendue. Enuiron cinquànte six ans deuant que IESVS CHRIST notre sauueur naquit, comme nous congnoissons par les memoires de Iule Cesar Dictateur, qui en ce temps là commança, la guerre en la Gaule, elle n'auoit de toute la Gaule, que celle petite portion, qui est encloze de la grand mer, des mons Pyrenées, qui diuisent la Gaule, et l'Espagne, et de la riuiere de Garonne, laquelle sort desdicts Pyrenées, et par Touloze, Agen, et Bourdeaus s'en coule en la grand' mer. Mais Cesar Octauian Auguste fils par adoption dudict Iule Cesar, et son successeur en la monarchie Romaine, l'eslargit iusques a la riuiere du Loire, quant il eut conquesté et pacifié toute la Gaule, et qu'il ordonna ses prouinces, et y mit des gouuerneurs. Ainsi nous la escript le geographe Strabō. Le nom de Guiene n'a iamais passé outre, que ie sache, ains s'est touiours tenu ainsi enfer-

mé, entre le Loire, les mons Cemmeins ou Cebeins, les mons Pyrenées, et la grand mer:et telle a
esté maintenue, tant que les Rommains ont esté
maistres de la Gaule : mais les seigneurs, que
nous y auons eu depuis eus, ne se sont guere sou-
ciés de leur ordonnance. Nous auons ueu re-
tranché de cesté Guiene d'Auguste, premierement, tout ce, qui est entre la riuiere de Creuze,
qui passe au port de Pile, et celle du Loire : puis
autres portions ça et là : comme le Roy Lois on-
ziesme fit auxqires son frere Duc de Guiene,
que la Guiene ne comprenoit que ces trois Sene-
chaucées, c'est a sauoir de Bourdeaus, laquelle
porte le nom commun de toutes, et s'appelle la Se-
neschaucée de Guiene:de Baladois,et des Lanes
ou Landes, comme Froissart appelle ce païs là.

Ceste grande Guiene d'Auguste a esté diui-
zée autrement depuis, non par les Rois et seigneurs d'icelle, mais par les ministres et chefs de
l'Eglise, ainsi que les autres prouinces ont par eus
esté autrement departies pour meilleure ordonnance et police du fait de la religion. c'est qu'en
icelle ils ont constitué quatre metropoles ou uilles
metropolitaines, comme nous les appellons com-
munemēt. METROPOLIS signifie mere uil-
le:duquel nom les Gregeois appelloient les uilles

qui estoient principales entre les uilles des païs: mais selon l'ordonnance de noz antiens peres et euesques, nous appellons nous auiourd'hui metropole la uille, laquelle a ung euesque, qui est ARCHEVESQVE, c'est adire, principal et premier euesque, et comme chef entre les euesques du païs, et soubs lequel se soubmettēt les autres euesques, encores que ce ne soit la meilleure uille du païs. Comme, Sens a esté establie uille metropolitaine: et son euesque s'appelle Archeuesque: soubs lequel sont les euesques d'Ausserre, de Meaus, d'Orleans, de Paris, et quelques autres. Et les uilles ici qui estoient siege d'euesque ou archeuesque, ils les ont nōmees uilles et Cités, entēdant mettre telle differance entre ces deus noms, que toute cité soit uille, et non toute uille cité. Comme que Bourdeaus, et Saintes soient cités et uilles, ausquels lieus y a archeuesque et euesque : mais la Rochelle, Pons, Blaie, et Libourne, ou n'i a siege ni d'archeuesque ni d'euesque, qu'elles soient uilles seulement. Uoila, comment les Perigourdins, de leur uille departie en deus uilles, distant l'une de l'autre plus de cent pas, si i'ay bien esmé, ils appellent cité, la uieille uille, et ou se tient l'euesque: mais l'autre partie, ils l'appellent seulement uille. PARIS aussi pour ceste raison, est appellé uille et cité appellans mefmement les Parifiens cité celle partie de Paris, ou et l'eglize catedrale de notre dame, et la demourance de leur euefque.

On a donque entierement diuizé cefte grandé Guiene en quatre pars, par quatre metropoles: qui font Auchs, Bourdéaus, Tours, et Bourges: toutefois a la prouince d'Auchs, ils luy ont baillé ung autre nom que de Guiene: et la cité de Tours, ils l'ont comme tranfportée dela la riuiere du Loire en la Gaule Liõnoize: et ne font demourés en la Guiene que deus defdites uilles metropolitaines, Bourges et Bourdeaus. Et departãt ainfi la Guiene en deus prouinces, ils ont appellé l'une A-QVITANICA PRIMA, et lautre AQVI-TANICA SECVNDA, la premiere prouince Aquitanique, ou eft la uille de Bourges: et la feconde Aquitanique, où eft Bourdeaus.

Ces chofes premierement ainfi repaffees pour fére, que plus aifement foit entendu, que c'eft que Bourdeaus, de l'antiquité duquel nous auons entreprins de faire recerche, nous commancerons a difcourir de luy en cefte forte.

Bourdeauf, que les Gres et Latins appellét BVR-DIGALA, et Bourdeu le uieil langage Gafcon Bourdelois, eft une uille et cité, uille metropolitaine de la feconde Aquitanique, affife fur le bort

de la riuiere de Garonne, lequel regarde l'Espagne et l'occident, a neuf ou dix lieus de la grand'
mer par le droit chemin au plus pres. Nous l'appellons premierement uille, comme tous autres tels
lieus enclos de murailles. puis cité, pource que
c'est siege d'euesque. puis uille metropolitaine, a
cause que l'euesque de Bourdeaus est Archeuesque, et a soubs luy les euesques de Saintes, Poitiers, Lusson, Maillezai, Engoulesme, Perigeus,
Sarlat, Condon et Agen. De la secöde prouince de
Guiene, pource que non seulement l'antien rolle
des prouinces, mais aussi Sidoine euesque d'Au-
uergue il y a plus de mille ans, nomment Bourges
pour metropole en la premiere Aquitanique, et
Bourdeaus en la seconde. Lesquels titres de Prima
dont est uenu PRIMATVS et la primace. ~~dont~~
et de secunda, ont finalemët engendré ung procés entre l'archeuesque de Bourdeaus et cellui de Bourges intenté en court de Romme, il y a plus de trois
cens ans, cöme i'ay apprins aus premier et second
liures des Decretales: et encore là pendät au croc.
Finalement nous auons dit assise sur la Garöne,
et ce qui s'ensuit: qu'on uoit a l'oeil: et parce ne
faut autre declaration de cela. Lequel lieu de
l'assiete de Bourdeaus Strabö dit, que c'estoit palu et marest antienement, que là faisoit la riuiere,

et rempliſſoit d'eau, quant elle regorgoit a ſon mentant et plaine mer. Dont on peut penſer, qu'il n'eſtoit aiſé en ce temps là d'approcher de Bourdeaus. Depuis on a petit a petit rempli ce mareſt de bourriers, et deliures de la uille, et enſemble de caillou, ſable, et toute telle matiere, de quoy on laſte les nauires, qui uienent uides a Bourdeaus. Parquoy pour le iourd'hui on ne reconnoiſt autour de Bourdeaus le palu que dit Strabon: et n'i a plus de mareſts, ſinon que ſoit derriere le chaſteau du HA, qu'on diröit du Fa en François: mais ce mareſt là ne ſe fait du refoulemĕt de la Garonne, ains ſeulement des ſourdis et fontaines, qui ſont en ce quartier là.

Ceſte uille, de laquelle Auſone n'euſt tant loué la ſituation, ſ'il euſt eſté d'ailleurs, ne fut pas autrement aſſiſe en lieu trop fertile. car outre les uignes, dont y a abondance, et de là force uins et bons, autour de Bourdeaus y a plus dequoi nourrir le beſtail, que les hommes. mais rien ne peut manquer au lieu, qui a mer et riuieres a commandement. Bourdeaus, comme nous auons dit, eſt aſſis ſur le bord de la riuiere de Garonne, ſi bien qu'en pluſieurs endrois l'eau uiĕt battre iuſques cõtre les murailles, et en aucuns lieus elle entre dedans a la plaine mer. Elle eſt là fort belle, large et

profonde, et ua et uient comme la mer. Deuant
l'Abbaie de sainte Crois, qui est la premiere corne, qu'elle rancōtre en descendant deuers Toulouze, du croissant et arc, que fait la uille le long de
son bort, elle a deus mille et cent piés de large, qui
font trois cens cinquante braces ou toizes, a six
piés pour brace: et par desoubs l'autre corne, au
deuāt des Chartreus, elle n'a moins de cinq cēs cin
quante braces. Quant est de la profondeur, com-
bien qu'au descendant elle perde beaucoup: tou-
fois elle a tousiours son plus grand canal assés large et plaī pour les nauires, Et quāt il se trouueroit
quelque nauire ung peu grandet, qui auroit faute
d'eau en basse marée: il ne luy faudroit beaucoup
attendre, qu'elle luy soubreroit. car dedans quatre
ou cinq heures il l'auroit haussée de dix ou douze
piés. Parquoi il ne se uoit guere de nauires si grās
en la grand mer, qui ne puissent monter iusques
deuant Bourdeaus : qui est par le traict de la riuiere a dixhuit lieus de la mer. Plus haut que
Bourdeaus n'ont accoustumé de monter grands
nauires : mais force petits bateaus et moiens le
font, et mesmes de longs et larges uaisseaus qu'ils
appellent Cōuraus, montent iusques a Toulouze:
qui est trente deus lieus, comme on compte, et
comme on mesure les lieus en Gascongne, au des-

sus de Bourdeaus. Dedans ceste riuiere descent
la Dordongne, et plusieurs autres belles et bonnes
riuieres, qui uiennent de diuers quartiers et portent bateaus : de maniere que ie ne feray ici le re-
tif de dire, que Bourdeaus est assis sur une tant belle et aisée riuiere, par laquelle il peut tant a plaisir se pourmener, aller et trafiquer d'une part et
d'autre, qu'il ne tient qu'a luy, que ce ne soit une
des plus riches et fleurissantes uilles de la Gaule.
Mais reprenons notre propos.

Il y a a Bourdeaus trois choses entre autres
des restes du uieil temps, qui monstrent clerement
que c'est uille fort antiene, le Palais Tutele, le
Palais Gallien, et des murs, qui font ung quarré
au millieu de la uille. L'an mille cinq cens cinquante sept, qu'on cuidoit fortifier Bourdeaus, on
trouua en terre hors la uille aupres du bouleuart
de porte Düos, des fondemes de bains et estuues :
mais cela est caché, et ne se peut uoir ni autrement reconnoistre.

Ce qu'ils appellent Palais TVTELE, qui
pour le iourd'hui est en la uille, mais antienement estoit hors d'icelle; toutefois presque sur le
bord du fossé, qui regardoit le septentrion, et assés
pres de la riuiere : est ung bastiment de pierre, quarré longuet, d'enuiron huitante six piés de long, et

soixante trois de large, sans couuerture uouté
par le bas de façon plate a l'antique aiant eu autrefois huit piliers ou colonnes canelées, en sa
longeur, de chaque costé, et six en largeur de chaque bout: qui faisoient le nombre de uingt et quatre colonnes en tout le quarré: desquelles y a encores dixhuit de bout pour le iourd'hui. Tout le
monde, qui uoit cela, est en esmoy de sauoir, que
ce peut auoir esté: et n'i a personné, qui en puisse
rien asseurer. Tutela est mot latin signifiant garde et defense. de là uient ung autre nom Tute-
laris, qui est adire de la garde et de la defense.
Noz pauures deuaciers, qui se forgeoient tant de
sortes de Dieus, ils en auoient entre autres qu'ils
appelloient DII TVTELARES, c'est adire,
Dieus de la garde: et de ce nom appelloient ceus
là mesmement, lesquels ils tenoient, reueroient
et adoroient pour la garde de leurs uilles. Pource
donques qu'on appelle ceci le Palais Tutele, aucuns ont uoulu deuiner, que c'estoit là le temple
du Dieu tutelaire de la uille de Bourdeaus, c'est
adire de celui Dieu, qui auoit Bourdeaus en garde. Ce fin homme et sauant clerc, qui depuis
deus ou trois cens ans en ça, nous a uoulu faire
accroire, que le bon empereur Rommain Uespasi-
an, auoit esté deuant Jesuchrist, et auoit eu ung

fils appellé CENEBRVN : lequel il auoit co-
ronné Roy de Bourdeaus, appelle ceci, non Tutele par t mais Tudele par d. a tout le moins
l'ay ie ainſi leu eſcrit en ſon beau fils de liure. Il
l'appelle auſſi, comme auſſi font pluſieurs a Bourdeaus pour le iourd'hui, PILARS ou PILAS,
qui eſt adire piliers, pour raiſon des piliers et colonnes qui ſi uoient. Et dit, que ce fut iadis ung
temple du dieu auquel ces pauures gens là don-
noient la garde de leurs iardins et uergers.

    Autres ont uoulu deuiner autre choſe, que
i'aime autãt taire, a cauſe qu'en telles diuinatiõs
n'i a rien d'aſſeuré. J'ay ueu quelques reliques de
ſemblable antiquité a Eüre, uille de Portugal, laquelle les antiens geographes appellent Ebora et
Ebura : mais auſſi peu m'ont ſeu dire les Portuga-
lois, a quoy cela auoit ſerui autrefois : que meſ-
mes ne le m'ont peu nommer de nom aucun.

    Le Palais Galiene fut iadis ung bel amphithe-
tre, a quatre cens pas de la uille, de ce temps là.
Il y auoit ſix murailles, l'une au tour de l'autre, faites de ſemblable matiere et ordonnance,
que les murailles de la uieille uille : deſquelles celle
de dehors eſt encores la plus haute, et de là uienent
les autres en ſ'abbaiſſant peu a peu iuſques a la
derniere du dedans. Entre leſquelles deux y a en-

uiron de huitante six piés. Jl y a deux portes,
une de chaque bout, par ou est la longueur de
l'amphitheatre, laquelle longueur par la place de
dedans, a deus cens uingt quatre piés : la largeur
prinse par le milicu de ladite longueur, cent qua-
rénte quatre, ainsi que les amphitheatres se faisoient de forme d'œuf antienement. Cest edifice
ici tant bien fenestré, a prou donné a songer aus
gens : et s'est finalement trouué un habile homme, qui en a fait ung beau cõpte que ie serois bien
marri d'auoir ici compté. J'escriroye plus tost, qu'il
eust esté ainsi appellé du nom de Gallienus, que
de quelque femme Galliena. Romme auoit ung
empereur nommé Gallienus l'an de JESUS-
CHRIST deus cens cinquãte sept : au quel tẽps
les Romains estoient encores maistres en la Gaule : et le lieutenant de l'empereur en la Guiene,
estoit ung senateur Romain nommé TETRI-
QVE. lequel gouuerneur de la Guiene fut en
son absence esleu empereur par les gendarmes, qui
ne pouuoient plus supporter la dissoluë uie de leur
empereur Gallienus : et le contreindrent de prendre le manteau d'escarlate en la uille de Bourdeaus, et se porter pour empereur, ainsi qu'escrit
Eutrope. Je penseroie, di-ie, plustost, que cest
amphitheatre eust esté basti soubs l'empire de

Gallien : et qu'on lui euſt de la baillé tel nom.

    Ces murs quarrés, ſont uieilles murailles de uille : mais ni ces murs ici, ni les ſuſdits aſſés improprement appellés palais de Galiene et Tutele, ne parlent point, pour ſauoir d'eus en quel temps ils ont eſté ainſi droiſſés. Il n'i a rien eſcript, non pas une ſeule petite letre en tout cela, de ſorte que qui uoudra ſauoir de l'antiquité de Bourdeaus, il eſt beſoin, qu'il ſ'adroiſſe aux uieus aucteurs Gregeois et Latins, ſi dauanture quelqu'un en a fait mention. Or ie ne ſai ſi quelqu'un en ſait dauantage : mais quãt a moi, uoici en deus mots tout ce que ie puis depouſer de l'age de la dite uille.

    BOVRDEAVS eſt pour le moins du tẽps, que IESVCHRIST naſquit au monde. Car Strabon parle de Bourdeaus : lequel aucteur Gregeois eſtoit, et compoſoit ſes liures de geographie du temps, que regnerent a Romme Auguſte et Tibere : et ſoubs Auguſte naſquit IESVCHRIST, et ſouffrit mort ſoubs Tibere. Ce ſont mille cinq cens ſoixante quatre ans, que ie puis auiourd'hui aſſeurer, que Bourdeaus a ueſcu. Ie ne doute point qu'il n'aie eſté quelque temps deuant Strabon, mais combien d'ans ? Qui peut ſauoir cela ? Quant a moy, ie n'ay autre aſſeurance, et ne me plais en coniectures et diuinations. C'eſt donques ce Strabon, qui eſt le plus antien aucteur que nous aions auiourd'hui, qui ait parlé de Bourdeaus, et qui en a plus dict, que nul de tous les antiens, encores qu'il n'en aie guere parlé. Nous auons mis deſſus, ce qu'il dict de la ſituation de Bourdeaus : il dit dauantage, que ceus qui lors auoient Bourdeaus, ſ'appelloient BI-TVRIGES VIBISCI: que ces gens là eſtoient uenus, d'ailleurs et n'i auoit nation eſtrangere en la Guiene que ceus là. et n'eſtoient tributaires, cōme les Guienois. Il uſe ainſi la du uerbe auoir, ſans autrement dire clerement, ſi ces geus là a-uoient fondé Bourdeaus, ou non. Il ne dit auſſi, (dont ſuis marri) de quel païs eſtoient ſortis ces Berruiers, et ainſi uenus en la Guiene: ni de quel-le Guiene il entendoit parler, de la grande que fit Auguſte, ou de la petite, qui eſtoit deuant ſes uictoires. Il y a d'autres Bituriges en la grand Guiene au pres de la riuiere du Loire, que nous appellons pour le iourd'hui Berruiers, et Berri, et leur metropole Bourges, ſurnommés Cubi par les antiens geographes: deſquels Berruiers du Loi-re, une bōne compaignée auecque femmes et petis enfans pourroit auoir paſſé la Garonne, et ſ'eſtre emparé du lieu, ou eſt Bourdeaus, qu'elle au-roit trouué deſert, comme ceſte partie de la pre-

miere Guiene n'a este habitée des premieres du
païs, ou mesmes auiourd'hui y a prou de lieus mal
cultiués. Mais telles diuinations sont fort perilleuses, et parce les quitte uolontiers a Iehan le
Maire, et a tels autres : qui sont heureus a songer fables de Paris, Tours, Poitiers, et autres de
nos uilles, quant il ne sauent aucune uerité des
fondateurs, et antiquité d'icelles. Ce que ie puis
et auze moi ici asseurer par le tesmoignage de
Strabon et Ptolemée, c'est seulement, que les premiers habitans de la uille de Bourdeaus, dont il
soit memoire, s'appelloient Bituriges, comme ceus
qu'appellons auiourd'hui Berr.uiers : et VIVI-
SCI, pour la difference des autres, qui sont surnommés Cubi. Ces deus noms, di-ie, des antiens
Bourdelois se trouuent en Strabon, et Ptolemée.
Ils se trouuent semblablemēt escris en des marbres
et pierres, qui sont restées de l'antieneté iusques
auiourd'hui en la uille de Bourdeaus. Vous auès
une pierre de marbre gris en le Chasteau de Troupeite, que i'aduisay plantée là dedans au coing
d'une estable, il y a enuiron douze ans : et priai
le Capitaine, que pour l'amour de la uille de
Bourdeaus, et reuerance de l'antiquité, il ne laissast là gaster ceste pierre, ains la fist oster, et esleuer sur quelque mur en ueuë de tout le monde : ce

que uolontiers me promit faire, et le fit, comme lon
m'a dit. En ce marbre donques i a escript, ce qui
s'ensuit, en autant de letres.

AVGVSTO   SACRVM
ET GENIO CCVITATIS
BIT ▲ VIV

Là ou ce BIT ▲ VIV, sont les deus noms
qu'auons dit des antiens Bourdelois. Ung pra-
ticien faisoit bastir au printeps dernier, pres le puis
de rue du Loup : et prenoit de la pierre au font
des uieus murs, qui sont derriere sa maison : entre lesquelles une se trouua qui auoit telle escri-
ture.

IVL.   LVPVS   C
BITVRIX   VR
D. E. ANN. XXXV
FILEIVS P. C.

Là semblablement estoient, en mon aduis, les
deus sudits antiens noms des Bourdelois, si
celui duquel i'ay eu cest epitaphe, eust seu re-

connoiſtre le ſecond, Robert Bagrin Architecte de la uille de Bourdeaus : qui paſſant ung iour par ladicte rue, aduiſa de fortune ceſte piere eſcritte : et contrefit ſoudain l'eſcriture pour la me monſtrer : mais il ne luy ſouuint de moy par quelques iours apres : et ce pendant la pierre fut retaillée, et miſe en œuure, deuant que la peuſſe uoir. Il y auoit donques là BITVRIX, le premier nom des Bourdelois eſcrit tout au long : et apres lui, VR comme m'a uoulu aſſeurer ledit Architecte : là ou ie penſe, que i'euſſe trouué VB, B pour R, ſi i'euſſe peu uoir ceſte eſcriture en ſa pierre, pour dire VBISCVS, comme en l'hiſtoire naturelle de Pline y a imprimé Bituriges Vbiſci : ou VIB, pour VIBISCVS, et VBISCVS ainſi que ce nõ ſe trouue diuerſemẽt eſcrit. Car ceſt R eſtoit attachée a l'V : et me doute, qu'ainſi la ſecõde iambe de l'V ſeruoit là de trois, ſauoir eſt de demi V, de I, et du droit tret de B. Ainſi qu'on eſt entré en la maiſon commune de la uille de Bourdeaus, par deuant l'egliſe Saint Eleige, on uoit ung puis dedans une muraille a main gauche, un peu par-dela ce puis en meſme muraille i a une pierre, que deſia long temps a, quelque ſtudieus d'antiquité fit apporter de quelque part, et mettre là pour eſtre gardée en ueuë de tout le monde. Là i a quelque medaille d'un homme et d'une femme, aueque cest epitaphe

                D   M

        TARQVINIAE · FASTI

        NAE . M . CALVENT

        SABINIANVS   VIV

            SIBI ET CONIVG.

L'escripture est du tout telle, horsmis que le premier I du premier mot est en la premiere iambe de l'N, estant ladite iambe esleuée fort haut au dessus de sa ranche. et que l'I du second est planté sur le mileu du T : et que le T de la fin de la seconde ranche est iuché sur la prochaine iambe de l'N, montant par ce moien ladicte seconde iambe beaucoup plus haut que la premiere : et qu'en la fin de la tierce ranche l'I surpasse de beaucoup en hauteur le premier V, et que le second V est de moitié plus court que le premier, et raslé tout bas aupres de cest I tant long. Ce VIV donques, que pourroit il signifier là, que VIVISCVS comme en le susdit marbre du chasteau

Troupeite? Mais ie m'asseure, qu'auec le temps,
sortiront de dessoubs les uieus monumens de la uille prou de telles pierres : ou lon trouuerra non seulement ces mesmes noms des antiens Bourdelois,
mais aussi plusieurs autres antiquités de Bourdeaus.

Bituriges Viuisci s'appelloient donques antienement ceus, que nous appellons Bourdelois pour
le iourd'hui. Ceus ci ont prins leur nom de leur
uille, BOVRDELOIS, comme qui diroit Bour-
digalois, du nom de Burdigala, dont ie pense,
que nous auons aussi tiré le nom de Bourdeaus :
mais ces antiens là, il n'auoient, en mon aduis,
prins leur nom de leur uille, ains au contraire, me
douterois, que leur uille auroit prins son nom d'-
eus. Car en le commancement de ce nom Burdigala, il me semble, que lon peut comme sentir le
nom de Bituriges, comme si on auoit dit au commancement Biturigala : puis en raccourcissant ce
commancement Burdigala : et qu'en la seconde
partie dudit nom se uoit ung autre nom du pais,
dont seroit sorti ce peuple, qui est Gallus et Gaulois. Car GALLI et GALLIA s'appel-
loit proprement antiennement, non tout ce qui
est entre l'Alemagne, l'Italie et l'Espagne, mais
cela seulement, tesmoing Cesar en ses mèmoires,

qui eſt entre les riuieres de Garonne, Sene, et
Marne. et peut eſtre que ces Berruiers Viuiſ-
ques ſeroient uenus des Berruiers Coubes, comme
auons dit, qui ſont en ladite Gaule au pres du
Loire : et auroient de là compoſé le nom de leur
uille, c'eſt adire de leur propre nom Bituriges, et
du nom commun de toute la prouince Gallus ou
Gallia. Si ie prenois plaiſir a deuiner, i'aimerois
mieus donner telle raiſon du nom de Burdigala,
que de cercher la Bourde et la Iale, deus petites
riuerotes, entre leſquelles Bourdeaus eſt aſſis, aupres de l'une, et a une lieue et demie de l'autre,
pour baſtir Burdigala : ni que dire, que le bord et
les eaus de la Garonne ont compoſe le nom de
Bourdeaus : qui ne ſont rien que gaillardiſes d'-
eſprit. Jl i a eu depuis cent ans en ça ung latin,
qui a trouué une bien plus gaillarde et fine etymologie de Burdigala : mais ie ſuis d'auis qu'ung
Iuif nous die l'etymologie de Ieruſalem, ung Grec
de Tripoli, et ung Aleman de Straſbourg.

Nous auons donques dit, que trois antiés aucteurs auoient fait mention des Berruiers Viui-
ſques, qui ſont Strabon homme Grec, Pline Latin, et Ptolemée auſſi Grec : et auons apporté
tout ce, qu'en dit Strabon, Pliné ne fait que les
nōmer, horſmis qu'en paſſant il les appelle frācs,

come Strabon a dit, qu'ils ne payoient tribut comme les Guiennois. Mais pource qu'il i a eu quelques corrigears, qui ont gasté Pline en cest endroit, ie m'en uai ici mettre, comment il faut, qu'on lise en ce lieu là du chapitre dixneufiesme (si Pline a iamais fait ces chapitres là) du liure quatriesme de l'histoire naturele. Aquitanicæ sunt Ambulatri, Anagnutes, Pictones, Santones Liberi, Bituriges Liberi cognomine Vbisci, Aquitani, et c. Mais Ptolemée au second liure de la geographie, nous les fait plus grans seigneurs que Pline ni Strabon. Car il leur baille une autre uille auecque Bourdeaus, laquelle il nomme NOVIOMAGOS en son Gregeois : et la met plus uers l'occidant et Septentrion, qu'il ne fait Bourdeaus. Il y a eu plusieurs uilles de ce nom en la Gaule. Ausone en sa moselle, parle d'une, qui estoit entre Trier et Sauerne. Eguinhard en la uie de Charlemagne parle d'une autre du païs de Brabant. Ceste ici estoit en Medouc uers SOVLAC : qui est ung assés beau bourg en la pointe de Medouc, que font la grand' mer et la Garonne entrant en la mer : mais on ne la trouue aucunement pour le iourd'hui; soit, ou que la terre, a quelque tremblement, l'aie engloutie. Ce qui est autrefois aduenu a de grandes et belles uilles,

ainſi que uous comptera Pline. Jl y a en ce quartier là de Medouc ung grand lac, ou lon dit,
qu'il ſe uoit des muralles, quant quelque-eſté ſe
porte ung peu ſec, et que les eaus ſont baſſes, ou
que quelque guerre l'aie raſée : ou que la grand'
mer ou Garonne l'aie noiée. Car on trouue bien
adire auiourd'hui en ce quartier là liſle d'AN-
TROS, de laquelle fait mention le geographe
Pompoine Mele. ou finalement que les ſables
l'aient couuerte, comme tout ce païs là eſt fort
ſablonneus, et la mer ne fait que uomir ſable : lequel ſeché et mené par le uent, fait de merueil-
leuſes montagnes, et encombre non ſeulement les
maiſons, mais auſſi les plus hauts cheſnes et pins
du païs. Dont les Medouquins comptent comme
pour quelques grans merueilles, que leurs lieures
ſont non ſeulement ſi hardis, qu'ils courent apres
les leuriers, mais auſſi tant legers, que les diriés
uoler, plus toſt que courir par ces grans ſables : et
ſ'il leur deplaiſt de ſe paiſtre a couuert au pié des
arbres, qu'ils montent a la ſime, et meſme giſent
là. Jl y a uingt ans, que me pourmenant aueque
des amis le long de la coſte de Santonge, qui eſt de
l'autre coſté de la Garône, ie uis entre autres choſes en Aruert, qui eſt fort bon païs, et terre fertile, mais a cauſe, qu'il n'eſt bordé de quelques

bons rochers, pour le defendre des uagues. la mer
le mange petit a petit, et auecque l'aide de son
uent, le couure tout de fable : ie ui, di ie une foreſt
defia une bonne partie couuerte de fables, de forte
que nos cheuaus montoient fans grand poine auſſi
bien que les lieures de Medouc, iuſque a la fime
des plus haus cheſnes : et uiſmes auſſi plus pres
de la mer au milieu de ces grandes montagnes de
fable, des maiſons, que les gens du païs n'auoient
onques ueües, que depuis peu de iours, ri oui parler d'elles, leſquelles fe decouuroient peu a peu,
ainſi que ce fable marche auant, et gagne païs:
et approchant plus pres pour mieus connoiſtre ces
choſes, arriuaſmes a la fime d'ung mont, qui de
loing nous decouuroit, comme quelque clocher.
là ou nous trouuaſmes une egliſe, ou pour mieus
dire, les murailles d'une egliſe : dedans la quelle il
nous fut aiſé d'entrer par là, ou auoit autrefois
eſté le toit. Ainſi fe pourroit fere, que quelque
iour fe decouuriroit la uille de nos Berruiers Vi-
uiſques, la quelle nous trouuons auiourd'hui adire en Medouc.   C'eſt tout ce, que ie puis dire
pour le preſent des fondateurs, ou, que ie ne fail-
le, des premiers habitans de Bourdeaus, dont il
foit memoire. Voions ung peu fi ne faurions re-
connoiſtre leur uille. Car Bourdeaus feſt bien

defguifé depuis ce temps là, *et en figure*, *et en* gran_deur.

Aufone Berruier Viuifque, ou, pour ufer du nom d'auiourd'hui, Bourdelois, et enfant de Bourdeaus, quant il parle defa uille, au liure qu'il a fait des uilles les plus renommées de fon temps, dit, qu'elle eftoit petite et quarrée, auoit de belles et hautes tours. La quelle defcription conuient fi bien aus uieilles mnrailles de uille, dont auons parlé ci deffus, que ie ne fais nul doute, que ce ne foient celles de la uille du temps d'Aufone. la matiere de ces murs là et la façon font diuerfes des murailles qu'on fait a prefent, et qu'on a fait, en mon aduis, depuis mille ans en ça. les fondemens font de pierre de taille, la plus part : là ou il f'en trouue de fi longs et gros quar- tiers, qu'on f'eftonne, comment on les a là pu a- mener de loing. Le refte eft de petite pierre du- re, fort iuftement efquarrée, et affemblée : et entre plufieurs couches de telle pierre, aucuns rancs de brique mout belle, de deus ou trois dois d'efpoiffeur, et fort longue et large : le tout fi iu- ftement compaffé, et niuellé que ni fauriés, que reprandre, ains trouuerriés prou d'occafion de uous efmerueiller du fauoir, efprit, grand foin, et trauail de noz antiens. De pareille matiere et

ſtructure ſe uoient encores auiourd'hui prou de
demourans de murailles de ce uieil temps là par la
Gaule et ailleurs. Il me ſouuient en auoir ueu a
Eure en Portugal : mais ſans ſortir de noſtre roiaume, uous en trouuerrés a Baionne, Acs, Saintes, Poitiers, Tours et Paris. Je di a Paris au
logis qu'on appelle de Cluni pres la rue de la har-
pe. De ceſt antien Bourdeaus donque quarré, non
uraiement quarré, comme la Babylon de la Roine
Semiramis, mais quarré longuet, c'eſt adire,
quelque peu plus long que large, ie recognois ung
bout par des reliques de muraille de telle matiere
et façon que uenons de dire, qui commance derriere l'egliſe Saint André, aſſis pres de l'abbreuoir
du Peaugne, et paſſant par la maiſon de l'arche-
ueſque, tire droit a une tour ronde de ſemblable
façon : laquelle ſe monſtre outre porte Dijoſ,
quaſi au droit du bourg de Saint Seuerin, et deuant les petits Cordeliers. Cela eſtoit la largeur
de la uille. ung coſté de la longeur ſe reconnoiſt
aſſés parce qui reſte de uieille muraille dés ceſte
tour ici, iuſques pres la riuiere, par le logis, qui
fut du ſeigneur de Duras, par Puiſpaulin, et
Saint Remis. Jouxte la riuiere eſtoit l'autre bout
de la uille, là ou ie n'ay aduiſé aucuns demourans de ceſte antiquité. A la place du palais,

                                     commançoit

commãçoit l'autre cofté. paffoit par ce palais et la
maifon du feigneur de Lanfac:là ou fe monftrent
encores quelques lopins du vieil mur:et tiroit de là
le long du Peaugue, qui couloit par le foffé de la
ville, iufque au lieu que venons de dire derriere
Saint André. Ici n'i a faute de bonnes enfeignes
de ce que dis, grand' partie de l'antien mur encore
entier et debout, d'enuiron douze piés de largeur,
et trente de hauteur : et en icellui deus portes de
ville entieres.

    Voila donques de vieilles murailles d'une pe-
tite uille, de figure quarrée telle, qu'Aufone
paint fon Bourdeaus : mais toutefois il y a a
douter, fi cela eft le premier Bourdeaus : et fi
c'eft il, a fauoir, fi ces murailles ici font les premieres murailles de ladite uille, car aus fondemens
de ces vieus murs fe trouue grand' quantité de
pierres ouurées, qui ont iadis ferui a temples et
edifices:des pierres de colonnes canelées et d'autre
forte, medailles en pierre, images, epitaphes,
et infcriptions de letre et langage latin, et non
d'autre : et en telles efcriptures le nom des antiens
habitans de ladite uille, comme nous auons mon-
ftré deuant. Par lefquelles reliques d'antiquité
femble, que cela ne font les premieres murailles de
Bourdeaus, ains qu'il a efté quelque fois ruiné:

et que ces murs ici ont esté faits de ces ruines là.
Dauantage, que lesdits murs ne sont de trop
grande antiquité. Car les Guienois auoient ung
autre langage que le latin : et n'ont comme ie
pense, parlé Roman (ainsi auons appellé le latin)
que depuis la Guiene conquestée par Auguste.
Que si cela sont les premiers murs de Bourdeaus,
ie penserois dire de lui comme nous lisons de
Sparte, uille de Grece : Que Bourdeaus n'auroit
esté fermé de murailles du commancement : et
que les Bourdelois, ainsi que les antiens Lacede-
moniens, auroient estimé, que pour la garde et defense d'une uille, ne faut autres murailles, qu'-
hommes uaillans. Cela dis-ie, que ie uoi pour le
iourd'hui se trouuer aus fondemens des uieus
murs quarrés, qu'Ausone baille a sa uille, nous
fait douter de l'antieneté desdites murailles : et
ne pouuons pour ceste heure asseurer, que Bourdeaus soit uille murée de guere plus long temps,
que de cellui de son Ausone : qui descriuoit ainsi
sa uille enuiron quatre cens ans apres la natiuité
de IESVS CHRIST.

　　Quant est des portes de cest antien Bour-
-deaus. ie n'en reconnois que deus ou trois : toutefois par ce peu qu'Ausone en touche, et que i'en
puis uoir, il y en auoit dix pour le moins, deus de

chaque bout, et trois de chaque costé. Les deus
du bout, qui tire de Saint André a la tour susdite,
estoient, en mon aduis, l'une aupres le couuent
Sainte Claire, et l'osmonerie : et l'autre au deuant
de porte Dijos, qu'on appelle autrement la porte
de Saint Seuerin. Et penserois de ce nom de DI-
IOS, si c'est a dire Dij Iouis, comme aucuns le
ueulent prendre, que ce auroit esté le nom de l'antiene porte, que ceste nouuelle sa uoisine auroit
prins et retenu. Les rues de ces portes ici s'en uont
droit a la riuiere : là ou selles rancontroient chacu-
ne sa porte, selon ce, qu'en dit Ausone. Les
trois du costé, que regarde le midi sont, l'une, qui
est encores entiere aupres les escholes de Lois : qui
a sa rue estendue droit iusques à Puispaulin : là
ou y auoit porte. l'autre aussi entiere, aupres du
marché, entre les boutiques des apoticaires appellée pour le iourd'hui porte BEGVEIRE : la
rue de laquelle tiroit droit de là iusques a Saint
Remis : là ou aussi y auoit porte. la tierce est entre
ces deus ici : mais elle n'est antiene comme les autres. Elle a esté refaite depuis peu de téps. Ceste ici
respondoit par rue droite a la porte, qui estoit en
la muraille deuant porte Medouque. La quelle
porte, qui a prins ce nom du païs de Medouc,
qui est uers ce quartier là, est une seconde porte

de uille, comme porte de bouleuart, baſti là depuis quelque temps : a laquelle l'on dit l'attollite
portas le iour des Rameaux, quant la proceſſion
ſ'en retourne de la corderie a Saint André, choſe retenue de l'antiquité, et qui ſe commança fere
deuant qu'on euſt creu la uille de celle part.

Bourdeaus eſtoit donques quarré, et ſes portes aßiſes l'une en ueuë de l'autre, et les rues diſ-
poſées droit d'une porte a autre, comme eſcript
Auſone, et parce moien ſe croiſoient par dedans
la uille a angle quarré l'une l'autre : qui eſt ſigne
euidant, que Bourdeaus n'a eſté quelque petite
maiſonnete, et uillage du commancement : puis
bourg de maiſons mal ordonnées : puis uille, comme il a eſté de Romme, et de la plus grand' part
des autres uilles : ains que de beau comancement
ç'a eſté une uille, poſée en une place fort bien partie, et tracée, deuant qu'i mettre pierre : quicon-
que l'aie fondée. Que ſ'il ſe uoit auiourd'hui
quelque cas en ce uieil Bourdeaus autrement
conduit, qu'au cordeau et a l'eſquerre : il ne ſ'en
faut eſmerueiller. Car la pauure uille n'a eſté
exempte de beaucoup de tempeſtes non plus que
les autres. Je ne penſe, que ni Jule Ceſar, ni ſes
lieutenants, ſoient onques uenus iuſques a Bourdeaus du téps, qu'il guerroioit noſtre Gaule : mais

ie ne fai, comment fe gouuernerent les Bourdelois, quant Marc Agrippe et Marc Valere
Meffalle, conquirent cefte baffe et derniere
Guiene, foubs l'empereur Octauian Augufte,
comme uous diront le poete Tibulle, et l'hiftorien
Eutrope. J'ay paour, que les Vendaus, et tref-
tat d'autres gens, uenus de dela le Rin, qui
exilloient la Gaule, enuiron l'an quatre cens et
dix, comme Profper uous comptera, n'aient ef-
pargné Bourdeaus : mais les Sarrafins, et Nor-
mans, l'ont bruflé. Apres lefquelles uimeres, et
autres femblables, ie croi bien, que ceus de la
uille, qui ont efchappé en quelque forte, que ce
foit, et des eftrangers auffi quelcuns, qui fe fe-
ront uoulu loger en les ruines de Bourdeaus, n'au-
ront pas prins grand' garde a la premiere difpofi-
tion des rues et quartiers de la uille, ains ung cha-
cun y aura bafti a fa difcretion fans eftre remon-
ftré, ni empefché de priué, ni de magiftrat : ainfi
qu'il aduint a Romme, apres que les Gaulois
l'eurent bruflée, comme fait mention Corneille
Tacite au quinziefme liure.

Par telles occafions peut Bourdeaus auoir
efté difformé : qui en fon premier age eftoit petite
uille, mais belle a uoir, de figure iolie, et bien a-
maffée : affife en ung mareft, et aiant d'une part

la belle grand' riuiere, comme une mer. et des
autres trois, les fossés de telle largeur, que pouués
connoistre a la rue du Chapeau rouge. Car toute
ceste large rue, et ou sont les maisons prochaines
du costé deuers midi, n'estoit que fossé de uille
antienement, dont elle porte encore le nom : et de
telle profondeur que pouués penser pour sa defense, et pour mener bateau tout autour d'icelle : et
tellement murée, et garmie de hautes et fortes
tours le long des murailles : que Bourdeaus en ce
temps là se pouuoit mettre au nombre des uilles
imprenables.

A Bourdeaus pour lors y auoit deus choses,
a tout le moins Ausone en parle, qui ne s'y trouuent pour le iourd'hui, sauoir est une eau de fontaines, qui passoit par le milieu de la uille : et une
meruilleusement belle et bonne fontaine. Toutefois quant est dé ceste eau passant par le milieu de
la uille, ie ne fais nul doute, que ce ne soit ce, que
lon appelle auiourd'hui la DIVICE, et que i'ay
ueu appeller la Diuicia en des uiens instrumens de
langage Gascon Bourdelois. C'est une petite
eau, qui uient de dehors la uille : entre par dessoubs la muraille derriere l'osmonerie de Saint
André, et uient sortir en la Garonne derriere l'e-
glise saint Pierre. Elle passe la plus part de son

chemin par ung esgout uouté, et par soubs rüe:
mais anuienement i'entens que toutes, ou pour le
moins une grand' partie de ces eaus de fontaines,
qui sont derriere le chasteau du Ha et le iardin
de l'archeuesque, entroient en la uille, et pas-
soient par ceste Diuice a plus large canal, et des-
couuert, de sorte qu'a la plaine mer, les petis bateaus, et peut estre aussi de bien grans uaisseaus,
entroient par là de la Garonne dedans la uille:
comme depuis ils ont fait en la premiere creüe de
la uille par le Peaugne, entre deus tours qu'on
uoit a lentrée dudit Peaugne en la Garonne:
mais laquelle entrée, et toute autres, ont esté
condannées depuis quelque temps. Il n'ya plus
lieu par ou les bateaus entrent en Bourdeaus. Il
demeurent tous et petis et grans en la Garonne
deuant la uille. Mais la fontaine, il ne la faut
auiourd'hui cercher dedans la uille. Toutes les
eaues, qui y entrent, et y sourdent, sont ou de la
Garonne, quant il y a plaine mer, ou des puis, ou
de la Diuice, ou du Peaugne, lequel sort des ma-
rests de derriere le chasteau du Ha, et entre en la
uille par soubs la muraille entre ledit chasteau et
la maison de l'archeuesque, et s'en coule en la Garonne par ou y eut fossé de uille iadis, au long du
costé de la uieille uille, lequel regarde le midi. Que

ſi l y a des fontaines, comme pres Saint Eleige et
le Chappeau rouge, telles fontaines ſeroient puis,
et aſſés profonds, quant là n'i euſt eu foſſés:
aus fons deſquels elles ſe ſont trouuées, et auſ-
quelles on deſcĕd par longues eſchelles. Ceſte belle fontaine donques, dont Auſone fait ſi grand'
feſte, et qu'il a appellée non DVIONA, comme
on a imprimé en ſon liure: et que de ceſte corru-
ption on a penſé eſtre une horde fontaine, qui eſt
p̄ es le palais Galliene, ne ſeruant a autre choſe,
qu'a buées et cuirs: mais DIVONA, comme
i'ay trouué eſcript en ung fort antien liure, que
m'a ces iours enuoyé de Bourges ce bon et ſauant
docteur Jaque Cuias Toloſain, eſtoit une eau,
en mon aduis, qui uenoit de dehors la uille de pluſieurs ſources amaſſées a ung conduit. Duquel
encores auiourd'hui ſe trouue des reſtes par les
champs qui ſont uers la porte Saint Julien, et de
la part qu'eſt le chemin de Bazas et Tŏloze.
En ce quartier là eſt, qu'ils appellent le SA-
BLOVNAT, c'eſt le lieu ou ils prenent le ſable
pour baſtir a Bourdeaus. Outre ce lieu là, y a
ung moulin a blé, appellé le Moulin des ARCS.
Outre ce moulin, ainſi qu'on eſt remonté de la
ualée: il me ſouuient que l'an mille cinq cens cinquante deus, me proumenant ung iour d'hiuer,

et ferain, et cerchant là de meilleur air, qu'il
n'eſt pas en la uille communement, ie rancontrai
tout au pres du chemin, de la part de l'occidant
ung uigneron, qui tiroit de terre, auecque grand'
poine, ung fondement d'antiene muraille. Jl ne
me fut mal aiſé de ſoudain cognoiſtre, de quoy
pouuoit auoir autrefois ſerui ceſte muraille, par
la matiere, qui ſ'en tiroit. Bref ie rapportai de là
ung tuiau de terre cuite, rompu par les deus bouts,
et ſi auoit encores de longueur bien pres de pié et
demi. Son diametre eſtoit d'enuiron demi pié : du
quel ie fis preſent depuis a monſieur maiſtre Jo-
ſeph de la Chaſſagne cõſeiller du Roy en ſa court
de parlement a Bourdeaus, homme ſauant, et
grand admirateur d'antiquité. En m'en retour-
nant a la uille par meſme chemin, ainſi que fu
paſſé ce moulin, i'aduiſay en les uignes, qui ſont
ſur le couſtau a meſme main, q̃ce moulin blanchir
comme de la muraille : que i'allai uoir : et trou-
uay, que c'eſtoit du meſme conduit. Et pource
qu'en ceſte ualée y auoit, des arcs, ou arceaus
pour conduire l'eau au niueau, ainſi que ces ſages
antiens ſauoient, qu'il faloit fere, pour auoir l'eau
bonne et ſaine : ie penſay, que ce moulin auoit
prins ſon nom de ces arcs. Dauantage, quelques
dix ans auparauant, comme l'on m'a compté, en

bechant a la porte sainte Eulaie, pour les fonde-
ments de quelque bouleuart, qu'on uouloit fere
là, on trouua en la terre ung conduit d'eau. Sans
doute donques y auoit antienement en Bourdeaus une belle fontaine bien aornée de beau
marbre, comme dit Ausone : laquelle fourniſſoit
la uille de fort bonne eau et en abondance, non
qui euſt ſa ſource en la uille, mais qui uenoit de
dehors, et de bien loing de la uille, par le conduit
que uenons de monſtrer : mais les guerres ont pillé
ce bel et grand theſor a la pouure uille, comme
elles ont fait de pareils aus uilles de Saintes,
Poitiers, Lion, et autres uilles tant de nõſtre
Gaule que d'ailleurs. Car il n'y auoit guere bonne
uille antienement, qui ne ſ'abbreuaſt de ceſte
ſorte : et maintenant ou trouués uous de tels con-
duits d'eau ? A Eure, dont auons parlé ci deſ-
ſus, y en auoit ung fort beau : que les Mores (ils
appellent ainſi ceus, que nous appellons Sarrazins) auoient abbatu : au moien de quoy la pauure uille enduroit grand' ſoif l'eſté, qui ne pouuoit,
tant la choſe eſtoit de grand couſt, a fere ung tel
conduit ſans aide d'ailleurs, laquelle le bon Roy
Iehan le tiers, leur a de noſtre temps preſtée telle,
que ce conduit a eſté refet ſur ſes uieus fondemens, ſelon l'ordonnance antiene, ſi bien que

prandriés auiourd'hui grand plaisir a uoir ceste œuure là estendu en la campagne, et marchant par icelle de telle hauteur, qu'estant la uille plus basse, qui le pié de la montagne ou sont les fontaines, ceste eau entre dedans Eure par dessus les murailles de la uille, et l'arrose, laue, et abbreue a plaisir. Mais retournons a nostre antien Bourdeaus, et parlons ung peu de sa grandeur.

Ausone, qui la dit estre quarré, a aussi dit, qu'il estoit petit. Or la mesure de telle figure est fort aisée : et parce me suis quelque fois esbatu a l'e harpenter. là ou i'ay trouué, qu'il n'auoit de sole plus de cent et quatre iournaus. I'appelle ici IOVRNAV ce, que les Latins appelloient IVGERVM : et le fay de mesme mesure, que ces antiens là le faisoient, et ainsi, que le font ceus de la duché d'Engoumois, qui sont tenanciers du duc, de uingt braces ou toizes de large, et quarente de long. Mais Bourdeaus d'apresent, est une des grand's uilles de France. Il est trois fois plus grand que l'antien, en mon auis, mais de figure fort diuerse, et parce beaucoup plus malaisé a harpenter. Ie n'ay eu encores le loisir de iustement le mesurer : mais si ie m'ausois fier au pourtrait, qui en fut fait il y a sept ou huit ans, par les architectes, qui furent appellés au conseil

de l'entreprinfe des fortifications de ladite uille:
auquel pourtrait, ie n'ai peu apperceuoir faute,
qui me femblaft par trop lourde, ie dirois uolontiers, que Bourdeaus d'auiourd'hui, n'a moins de
quatre cens cinquante iournaus de plant: Ainfi
a beaucoup creu cefte uille depuis Aufone. Sa premiere creuë a efté du cofté de midi. On uoit encores fa muraille des la porte des Salinieres par
Saint Eleige et la maifon de la uille, fe uenir ren-
dre aus efcholes des lois. Son foffé a efté comblé:
et f'eft là fait une fort belle et large rue : qui a retenu iufques a auiourd'hui, le nom de foffés. Jl y
a deus autres creuës: l'une au tour de cefte premiere, et l'autre, de l'autre cofté de la uille, là
ou eft le Palais Tutelle, le chafteau Troupeite,
les Jacobins, et petits Cordeliers.

    J'ay ce croi ie, iufques ici, compté tout ce, que
i'ay onques peu apprendre des premiers ans de la
fondation, affiete figure, et grandeur de la uille
de Bourdeaus. Aufone de Bourdeaus, comme
nous auons dit deuant, qui fait grand honneur a
fon pais, tant a caufe de fon fauoir et de fes e-
fcripts, que pour les grandshonneurs, que luy ont
fait les empereurs Romains Valentinian, Gratian,
duquel il a efté precepteur, Theodofe, qui l'appelle fon pere en quelques letres, que nous auons,

et autres de son temps, ne peut estre mort guere
plus tost ni plus tart, qu'enuiron l'an quatre cens
de nostre salut. Il dit sur la fin de ce, qu'il escript
de sa uille, qu'il auoit esté Consul de Romme et
de Bourdeaus. Duquel propos d'Ausone, et de
ce qu'auons dit dessus de ces Berruiers Viuisques,
qui auoient plusieurs uilles, ne faisoient homma-
ge, ni ne paioient tribut, ni aus Romains, ni a
autre seigneurie, il me semble, qu'on peut tirer,
que Bourdeaus estoit en ce temps là, une puis-
sante et sage republique, qui se sauoit tresbien
maintenir, uoire entre de plus puissans, qu'elle
n'estoit. De laquelle grandeur elle s'est sentie
assés long temps.

Ledit aucteur en ses Parentales fait mention
par nom et surnom, de presque toute sa race, de
son pere, de sa mere, de ses freres, seurs, oncles
et autres : mais apres tous ceus là, il parle de plusieurs sauans personnages, qui ont tenu eschole, et
leu a Bourdeaus en son temps. Par lequel liure
d'Ausone on peut aussi connoistre de Bourdeaus, que ce n'estoit pas petite chose en ce temps
là, puis que toutes bonnes letres Greques et La-
tines y estoient entretenues et y fleurissoient de telle sorte. Duquel temps peut estre demouré ce ioli
distique Gregeois, que i'ay autrefois leu en une

pierre de marbre gris : qui est couchée au milieu
de la nef de l'eglise de Saint André. C'est ung epitaphe d'une dame nommée LVCILLE : laquelle estant deliurée de deus enfans, ie ne sai de
quel sexe, mourut auecque l'ung d'eus, et furent
enterrés ensemble la mere et l'enfant : et l'autre
uesquit et demoura auecque le pere.

ΛΕΙΨΑΝΑ ΛΟΥΚΙΛΛΗС ΔΙΔΥΜΑΤΟΚΟΥ ΕΝΘΑΔΕ ΚΕΙ
ΗС ΜΕΜΕΡΙСΤΟ ΒΡΕΦΗ ΖΩΟΝ ΠΑΤΡΙ ΘΑΤΕΡΟΝ ΑΥ

Que si quelqung doutoit ici de la foi d'Ausone,
et uouloit dire, qu'il eust ung peu auancé pour le
loz de son païs : il n'est pas seul, qui a fait mention
de ces tant sauants hommes. Cellui qu'il nomme
le premier TIBERTVS VICTOR MI-
NERVIVS, enfant de Bourdeaus : lequel il dit
auoir esté ung autre Quintilian en rhetorique,
auoir leu non seulement a Bourdeaus mais aussi
a Romme et Constantinople, et auoir fait re-
nommer ces tant renommées uilles ici : Saint Hie-
rosme luy fait bien cest honneur de l'auoir renom-
mé aus chroniques a l'an de JESVCHRIST
trois cens cinquante neuf, de ceste maniere : MI-
NERVIVS Burdigalensis rhetor, Romæ floren-
tissime docet. Il parle aussi de ATTIVS PA-
TERA : et dit, qu'il lisoit a Romme en grand'

eſtime l'an trois cens trente neuf. Il fait auſſi mention de ALCIMVS et DELPHIDIVS a l'an trois cens ſoixante diſant, qu'en ce temps là ils liſoient en Guiene, ſans nommer la uille, aueque grand bruit. Duquel Delphide parle ſemblablement Ammian Marcellin au commancement du dixhuitieſme liure de ſon hiſtoire, l'appellant aſpre orateur et uehement, contant d'une matiere criminelle, qu'il plaida deuant l'empereur Julian, qui lors eſtoit en noſtre Gaule, l'an trois cens ſoixante et deus.

Proſper le Guienois, et Sigebert, ont eſcript, qu'il fut tenu ung concile a Bourdeaus contre Priſcillian, ung eueſque d'Eſpagne, et l'erreur, qu'il tenoit: auquel aſſiſta Saint Martin eueſque de Tours entre autres eueſques: deſquels et de leur concile, appella ceſt heretique par deuant l'empereur Maxime: uers lequel il ſe tranſporta. Qui le feit ouir a Trier, et punir de mort aueques pluſieurs hommes et femmes de ſa ſecte: du quel nombre fut EVCRATIE femme du Rhetoriciē Delphide. Proſper eſcript, que cela fut l'an trois cens huitante huit: et qu'a Bourdeaus en meſme année une nommée VRBIQVE obſtinée en l'erreur dudit Eſpagnol, fut par le peuple miſe a mort a coups de pierres.

Il i a ung Pontius Paulinus, auquel escript
Ausone, et lui auβi a Ausone, et a d'autres.
Entre lesquels est ung AMANDVS : qui peut
estre Amand euesque, qu'on a mis au nombre
des Saints a Bourdeaus : et en font feste le dix
neufiesme de Juin. J'ay ueu gens qui tenoiét, que
ce PAVLINVS estoit de Bourdeaus, et le Seigneur et fondateur de la uille de BOVRG,
duquel parle Sidonius Appollinaris : et que la
maison de ces Paulins estoit, ou lon appelle
PVIPAVLIN pour le iour d'hui a Bourdeaus.
    Les GOTS, peuple deuers le septentrion
tenant l'opinion et heresie d'Arius, entrerent en
Italie par le païs de Venise, maugré qu'en euβent
les Romains, l'an quatre cens et deus. Pour
lesquels tirer de là tout doucement, les Romains
leur baillerent et quitterent la Guiene aueque
quelques uilles des prouinces prochaines de la Guiene. desquelles ie pense, que fut la uille de To-
lose. Ils ont ainsi tenu la Guiene par l'espace de
nonante ans ou enuiron, iusques a ce, que les
François les en ont chaβés. Sidoine donques euesque d'Auuergne se plaint en l'epistre siziesme
du premier liure, que l'euesque de Bourdeaus a-
uoit esté mis a mort par les Gots Arians. Et en l'e-
pistre neufiesme du liure huitiesme, escript, qu'il

a Bourdeaus uers le Roy des Gots Theodorich, ie
ne fai fi c'eftoit Theodorich, qui fut tué en batail-
le a Chaalons, l'an quatre cens cinquante trois,
felon le compte de Sigebert: ou fon fils Theodorich:
et que là y auoit beaucoup d'embaffadeurs de diuers Roys et nations eftrangeres. Par lefquels
propos de ce bon Auuergnac, fembleroit, qu'en ce
temps des Gots, la republique Bourdeloize, ne fe
feroit peu maïtenir en fa premiere frächife. Il fait
auffi mention en l'onziefme et douziefme epi-
ftre dudit liure huitiefme, et en la treziefme du
neufiefme, d'un LEON poëte, d'un GALLI-
CINVS euefque, et d'autres fiens amis de Bour
deaus : et entre iceus d'un LAMPRIDIVS,
qui une nuit auoit efté eftranglé en fon lit par fes
feruiteurs, grand orateur et grand poëte, tant
Grec que Latin. lequel lieu de Sidonius eft pour
toufiours confermer ce, qu'auons dit deffus, qu'il
ne peut eftre, que celle uille ne fuft quelque cho-
ze, en la quelle y auoit tels maiftres defcoles. Les
SARRASINS prindrent l'Efpagne l'an fept
cens et uingt. ce compte le moine Sigebert : et dix
ans apres pafferent les mons Pyrenées, et firent
de grans maus en la Guiene. Noz hiftoriens com
ptent, qu'ils prindrent d'affault la uille de Bourdeaus, qu'ils la pillerent, et bruflerent toute. De

F

quoy Charle Martel les chastia quelques iours apres.

Charle Martel maire du palais de France, Pepin son fils maire et Roy, et Charle Magne fils de Pepin Roy de France et Empereur de Romme, eurent de grands guerres en la Guiene contre les seigneurs d'icelle : mais ie ne uoi, que de tout ce temps ici soit fait mention de la uille de Bourdeaus : fors qu'en le testament de Charle Magne, qu'il fit l'an de l'incarnation de nostre seigneur JESVCHRIST huit cens et onze, trois ans deuant son trepas, comme nous lizons en Eginhart, Bourdeaus est nommé entre les uingt et une uilles metropolitaines, qui estoient en les terres de ce bon et grand seigneur, et ausquelles il lessoit de ses biens, pour apres sa mort estre distribues aus pauurés.

HVON de Bourdeaus, fils de Seguin duc de Guiene, et frere de Girard, estoit de ce temps ici : mais son Romman ne nous en compte que mansonges.

LES NORTMANS, gens du Septentrion et Alemans, commancerent d'énuahir les bors de la Gaule par la grand' mer, des le temps de Charle Magne. Ils descendirent finalement et marcherent bien auant en terre soubs le regne de

Lois fils de Charle Magne, et de ses enfans : et nous firent maus inestimables. Ils estoient idolatres : et a ceste cause couroient sur tout a nos eglises, ou ils sauoient que le nom de *JESU-CHRIST* estoit innoqué, et ses sacrements administrés : et n'en lessoient aucune entiere, qu'ils peussent. I'ay leu en prou de uieus memoires, que ces felons mescreans, qui auoient exillé et bruslé tout le pais de Poitou, Santonge, et Engoumois, uindrent finalemēt assaillir Bourdeaus, qu'ils prindrent de force, et le traiterent non moins cruellement, qu'auoient fait les Sarrazins, il n'i auoit guere plus de cent ans. Mais ces choses s'esloignent ung peu, de mon propos, qui n'ai ici entreprins de fere ung liure de toute l'histoire de Bourdeaus, ains seulement cercher ce, qui se pourroit ueritablement dire et asseurer de l'antiquité premiere d'icellui, et de ses fondateurs, et des uieus monumens, et antiques restes, qui s'i uoient auiourd'hui, que comptons mille cinq cens soixante et quatre.

FIN.

BOVRG, est vn des antiens mots Gaulois, que les Romains ne nous ont peu faire perdre, ni changer en leur Latin. Ie ne sai toutesfois, s'il est plus Gaulois, que Germain. Car on en vze aussi bien de là le Rin, que deça : mais les BOVRGOVGNONS ont esté appellés de là, ce dit Paul Orose : et les BOVRGEOIS en sont nommés entre nous, ceus, qui sont de mesme bourg, ou de mesme uille. Or il se prent en deus sortes. Premierement c'est un nom commun, ou comme disent les grammariens, appellatif : qui signifie tout lieu, ou y a nombre de maisons et d'habitans, et eglise de paroisse, comme en une uille, et qui seroit uille, s'il estoit cinturé de muraille. Secondement Bourg est un nom propre : c'est a dire, qu'il se trouue prou de lieus qui n'ont aucun autre nom, que Bourg, soient bourgs ou villes. Comme, au dessus de COVGNAC uille de Santonge, sur la mesme riuiere de Charante, qui passe a Cougnac, y a une paroisse, et un bien petit bourg, qui n'est rien,

G

qu'un uillage: lequel n'a autre nom, que Bourg.
A douze, ou treze lieuſ de là, ſur la riuiere de
Dordougne, y a une uille, qui n'a auſſi autre
nom, que Bourg: de maniere, qu'en mon paiſ
quant on parle de ceſ deuſ lieuſ ici, ou de l'un
d'iceuſ, on dit, pour faire cognoiſtre, duquel on
entend parler, Bourg Charante, ou Bourg ſur
mer: appelant mer la riuiere de Dordougne, a
cauſe, qu'elle eſt fort large deuant Bourg, ua et
uient, et porte granſ nauireſ comme une mer.
De l'antiquité de laquelle uille de Bourg ſur
Dordougne, ie ueuſ icy faire pareil diſcourſ, que
i'ay par ci deuant fait de Bourdeauſ, et quel-
queſ autreſ uilleſ de noſtre Guienne.

Bourg donqueſ, que nouſ appelonſ Bourg ſur
mer, eſt une uille du dōmaine du duc de Guienne,
et parce de celuy du Roy de France: pource qu'il
eſt a preſent et duc, et Roy de la Guienne: aſſize
en le Dioceze de Bourdeauſ, a l'orée de la riuiere
de Dordougne, du coſté, qui regarde le Septentrion et l'Orient, ſur un rocher, lequel en la partie
la pluſ haute, qui eſt celle, ou eſt pozée la maiſon du ſeigneur de Lanſac, et l'abbaie prochaine,
a pour le moinſ ſoixante piéſ de haut. Elle eſt fort
petite uille : et qui ne peut auoir pluſ de uint et
trois iournauſ de ſole, ainſi qu'en fait le IOVR-

NAV en les terres du duc d'Engoumois, et que les antiens Romains harpentoient leur IVGE-RVM. Je n'entens toutesfois comprendre en ce nombre de Iournaus ce, qui est par le dessous de la uille, iouxte icelle, presque autant grand qu'elle, enclos de muraille comme elle, non toutesfois de si bonne muraille: que les Bourgeois appellent la RETRAITE. Qui a esté, en mon aduis, parci deuant, et mesmement du temps des guerres des Anglois, un haure: dedans lequel on retiroit petis et grands uaisseaus de guerre, et autres, et les gens aussi, pour estre là en seureté.

LA riuiere de DORDOVGNE, qui passe ainsi deuant la uille de Bourg, sort des mons appelés Cemmeins et Cebeins, en nos antiens geographes: mais que nous autres Santongeois appelons la plus part les mons d'Auuergne: passe par deuant Bragerac, Libourne, et plusieurs autres uilles et Bourgs: et se uient ioindre a la GARONNE au dessous de Bourg une lieue, comme lon conte: et a cinq de BOVRDEAVS: qui est assis sur le bort de ladite Garonne: laquelle descent des mons Pyrenées par Toulouze, Agen, et autres uilles: et s'en uont ainsi a la grand' mer ces deus belles riuieres soubz le nom, non de Garonne, ni de Dordougne mais de GIRON-

G iij

DE: *La Dordougne est beaucoup plus large deuant Bourg que la Garonne deuant Bourdeaus. Car la Garonne n'a deuant Bourdeaus que de trois cens cinquante a cinq cens cinquante braces de largeur : mais la Dordougne deuant Bourg en a pour le moins sept cens cinquante : qui sont neuf cens pas, en prenant le* PAS *de cinq piés de longueur, et la toize et* BRACE *de six. Ce sont trois huitiesmes parties de lieue ou un quart de lieue et demy quart : ou encores autrement, demie lieue moins demi quart : si lon fait la* LIEVE, *comme en mon païs, de mille tours de roüe de chartette : et telle roüe, de douze piés de rondeur : qui sont deus milles braces de chemin.*

Le païs, qui est entre la Dordougne et Garonne, quant elles commencent s'approcher l'une de l'autre, s'appele ENTRE DEVS MERS: *comme si ces deus riuieres, qui n'ont là rien salé, mais sont fort larges, portent grands uaisseaus, et uont et uiennent comme la mer, estoient plus tost mer, que riuieres : mais deuant Bourg et quelque peu au dessous, il s'appele autrement* AMBES: *et la pointe, qui se fait au lieu, ou elles s'assemblent, se nomme le* BEC d'AMBES, *Bec dangereus, et duquel tous les passans ne se peuuent pas garder, quant le uent est grand, et qu'il*

uient deuers ou descendent les riuieres. Ce païs
d'Ambés est fort fertile et paçageus : et pour y
paistre si passe de Bourg force beufz, cheuaus, et
autre bestail, en bateau : là ou il se trouue aucune fois des cheuaus, qui quelque largeur qu'aye
la riuiere, en cest endroit, s'enhardissent d'i pas-
ser a nage, comme pour espargner la poine des
hommes, et sauuer leur naule.   Mais reue-
nons a nostre propos.

93   Ie n'ai peu onques recognoistre en la uille de
Bourg chose, qui me monstrast grand aage : mais
aus GOGVES, qui est un lieu en les uignes de
dessoubs Bourg, ou le seigneur de Lansac cueille
de fort bon uin, y a quelque restes de uieille muraille : qui ne ressemblent pas mal de matiere et
façon a celles du uiel Bourdeaus, et du palais
Galienne.   Ie ne sai que cela peut auoir esté :
mais i'ay la quelquefois recogneu un pan de
muraille de cinquante six brasses de longueur. Il
y a bien quelque mention de Bourg en les histo-
riens, qui ont escript ce, qui s'est fait en la Guienne contre les Anglois, et mesmement du temps
du Roy Charles septiesme : mais cela n'est point
antique pour une uille.   De tous les plus uieus
aucteurs ni en a aucun, qui aïe dit mot de Bourg,
que SIDONIVS APOLLINARIS : qui
                                                G iij

fut eue∫que d'Auuergne au temp∫ que le∫ Got∫
tenoient la Guienne, enuiron l'an de no∫tre
∫alut quatre cen∫ cinquante. Jll'appele B V R-
G V S en ∫on latin : et en a fait un carme de
deu∫ cen∫ trente cinq uer∫. Jl auoit grande a-
mitié auec le ∫eigneur de Bourg, qui lor∫ e∫toit:
lequel il appele P O N T I V S L E O N T I V S:
et a rai∫on de ce∫te amitié, luy uoulut e∫crire quelque cho∫e, ou il print plai∫ir: et pource mit en uer∫
Latin∫ toute∫ telle∫ louange∫ de Bourg, dequoy
il ∫e peut adui∫er pour l'heure. Mai∫ il fit cela
e∫tant a Narbonne en Languedoc, et, ain∫i que
ie croi, ∫an∫ auoir iamai∫ e∫té a Bourg, ain∫ ∫eule-
ment pour en auoir ouy parler a de∫ gen∫, qui
l'auoient mal informé de l'a∫siette de Bourg. Car
il ∫emble, qu'il le uueille planter ∫ur ∫on roc en
Ambé∫, entre le∫ deu∫ riuiere∫. Au demeu-
rant, uoici qu'il en dit. Premierement, que le
fondateur, et celuy, qui fit le premier cincturer
de mur∫ ce roc, ∫'appelloit P O N T I V S P A V-
L I N V S. Lequel Paulin∫, ∫i ce n'e∫t celuy,
qui a e∫cript de∫ lettre∫ Latine∫ a Au∫one de
Bourdeau∫, et Au∫one a lui : c'e∫t pour le moin∫
quelquun de∫ paren∫ de ce∫tui la, et de la race
de∫ Paulin∫, qu'on cuide auoir eu mai∫on a
Bourdeau∫, au lieu qui ∫'appele P V I P A V L I N

pour le iourdhui. Et croy d'auantage, que ce Pon
tius Paulinus estoit ou pere, ou aieul du susdit
Pontius Leontius, auquel Sidoine escrit ce poë-
me.   Or ie n'ai peu uoir a Bourg aucun lopin de
muraille, qui me representast cest eage là.   Le
TEMPS, qui mange tout, et mesme ses propres
enfans, comme on lit entre les fables de ces sa-
ges antiens Grecs, il peut auoir mangé ces premieres murailles là : mais les guerres et enne-
mis les peuuent aussi auoir abbatues.   Car si les
Sarrazins, Nortmans, et Danois, ont autrefois traicté la uille de Bourdeaus de si cruelle
façon, que nous auons monstré : ne peuuent ils
aussi auoir demantelé Bourg? Ce, que nous a-
uons dit des Gogues, pourroit estre du temps de
ce Paulin icy, mais les murs, qui sont auiour-
d'huy de la uille de Bourg, il ne pourroit auoir
plus de trois ou quatre cens ans, qu'ils ont
esté bastis.

      Dit apres Sidoine, que ce seigneur Ponce
Paulin auoit en sa uille une fort belle maizon,
mout belles galleries, et greniers : un temple,
des bains bien aornés de beau marbre, et autres
chozes : dequoy ne trouuerés memoire ni reliques
aucunes pour le iourd'huy en la uille de Bourg.

C'est tout ce, que ie puiſ pour ceſte heure diſcourir de l'antiquité de la uille de Bourg ſur mer: laquelle eſt de ce tenue a ce bon et reuerant pere d'Auuergne, et pour rayſon de luy, a tout ſon païſ: que par luy elle prouuera, qu'auiourd'hui, que contonſ mille cinq cenſ ſoixante, il y a pour le moinſ onze cenſ anſ, qu'elle eſt uille: qui n'eſt paſ petite antiquité. Engouleſme, la Rochelle, Ponſ, Libourne, et pluſieurſ autreſ uilleſ ſeſ uoiſineſ, beaucoup pluſ grandeſ, et richeſ, qu'elle, ne ſauroient trouuer, qui depouʒ aſt pour elleſ de ſi long tempſ.

F I N

www.ingramcontent.com/pod-product-compliance
Lightning Source LLC
LaVergne TN
LVHW022201080426
835511LV00008B/1508